¿En qué se llevan las cargas?

por Katie Berk

Scott Foresman
is an imprint of

PEARSON

Glenview, Illinois • Boston, Massachusetts • Chandler, Arizona
Upper Saddle River, New Jersey

Los camiones llevan cargas.

Los trenes llevan cargas.

Los aviones llevan cargas.

Los barcos llevan cargas.

Los trineos llevan cargas.

Las bicicletas llevan cargas.

Los vagones llevan cargas.